CORRESPONDANCE

ENTRE

M. DE COSSIGNY,

ET

MM. D'HILLAIRE DE LA ROCHETTE,
BOUVIER DU MOLARD, DELOURME,
P. ET L. DROUET.

A PARIS,

DE L'IMPRIMERIE DE P. FR. DIDOT LE JEUNE.

1790.

CORRESPONDANCE

Entre M. DE COSSIGNY, et MM. D'HILLAIRE DE LA ROCHETTE, BOUVIER DU MOLARD, DELOURME, P. et L. DROUET.

Lettre de ces MM. à M. de COSSIGNY.

NOUS venons d'avoir connoissance, Monsieur, d'une adresse à l'Assemblée nationale, du 13 de ce mois, concernant les Isles de France et de Bourbon. Une démarche aussi importante n'auroit jamais dû être faite sans le concours de toutes les personnes actuellement à Paris, qui ont les mêmes droits et les mêmes titres que celles qui l'ont signée. Nous vous croyons l'auteur de cette irrégularité, et si vous persistiez à ne pas la réparer, nous vous déclarons que nous la regarderions comme une offense personnelle.

Nous avons l'honneur d'être, etc.

Signés, D'HILLAIRE DE LA ROCHETTE, BOUVIER DU MOLARD, P. DROUET, Conseiller, L. DROUET, Avocat, DELOURME.

Paris, 26 mars 1790.

Réponse de M. DE COSSIGNY.

Oui, Messieurs, je suis l'auteur d'une seconde adresse à l'Assemblée nationale, dont je joins ici des exemplaires, ainsi que de la première, et que j'ai fait signer par tous ceux dont moi et l'un de mes amis avons connu la demeure. J'en excepte M. du Molard à qui je l'ai envoyée deux fois par un de mes gens, mais il s'est trouvé absent.

J'aurois certes desiré, pour donner plus de poids à cette adresse, qu'elle eût été signée par le plus grand nombre des habitans, propriétaires de terres à l'isle de France, qui sont à Paris ; mais ne connoissant pas leurs demeures, ni même les personnes venues des isles qui sont propriétaires d'habitations dans cette colonie, il m'étoit impossible de présenter cette piéce à leurs signatures, comme c'étoit mon vœu. Je me suis adressé pour cela à plusieurs Indiens ; un seul s'est chargé de la commission, et a obtenu en effet quelques signatures. Je comptois m'en procurer d'autres. J'ai même témoigné à MM. Monneron, Bailly, Bosse, Noblet, etc., qu'il étoit fâcheux que les habitans des isles n'eussent pas à Paris, dans les circonstances actuelles, soit un club, soit un café, en un mot un lieu de rendez-vous, où ils pussent concerter les opérations qui demandent une réunion. Ainsi, Messieurs, j'étois bien éloigné de vouloir excepter qui que ce soit de fournir sa signature sur une piéce qui ne peut être recommandable que par celle d'un grand nombre de personnes. Vous verrez, par la dernière adresse dont vous me faites l'honneur de me parler, que l'Assemblée nationale ayant jugé à propos de s'occuper de ce qui en fait l'objet, il étoit instant de lui adresser cette piéce ; et c'est ce que j'ai fait, quoiqu'elle n'eût que quatorze signatures, désespérant d'en pouvoir trouver d'autres.

Je vous prie, Messieurs, d'observer que je suis sans mission ; que le zèle seul pour l'intérêt des Isles de France et de Bourbon m'a conduit ; qu'il est impossible que j'aie eu l'intention, je ne dis pas d'*offenser*, mais de déplaire à personne ; que la plûpart de vous, Messsieurs, qui avez signé la lettre à laquelle j'ai l'honneur de répondre, ne pouviez pas signer l'adresse en question, n'étant pas propriétaires de terres aux isles ; que je ne vois pas de moyens de réparer ce que vous appelez une *irrégularité*, qui a été forcée par les circonstances ; que vous êtes les maîtres de faire une autre adresse, soit dans le même esprit que celle dont il est question, soit dans tout autre, et de la faire imprimer à vos frais ; tandis que j'ai supporté seul tous les frais de huit ou dix brochures que j'ai fait imprimer par pur zèle, depuis mon arrivée à Paris.

Je vous avoue qu'il seroit assez malheureux que mon zèle me compromît : cela seroit très-propre à l'étouffer. Quoi qu'il en soit, je vous le répète, je n'ai eu intention d'offenser personne. Si cela étoit, je vous le dirois franchement ; mais j'espère que mon explication vous prouvera que ce dessein n'a pas pu entrer dans mon esprit.

J'ai l'honneur d'être, etc.

Signé, COSSIGNY.

P. S. Je viens de communiquer, Messieurs, votre lettre

du 26 à un de mes amis, ainsi que ma réponse. Il dit que tout le monde est libre de présenter des adresses à l'Assemblée nationale, en quelque nombre que l'on soit réuni ; que ceux qui ont signé l'adresse du 13 de ce mois, n'ayant pas parlé au nom des colonies des Isles de France et de Bourbon , mais seulement au nom des soussignés , étoient les maîtres d'admettre à la signature de cette pièce qui bon leur sembloit ; qu'on a tort de s'offenser de n'avoir pas été du nombre des signans, parce que rien n'obligeoit ceux-ci à se réunir à d'autres ; parce que l'objet de cette adresse est un acte de zèle qui remplit le vœu de toutes les personnes qui peuvent y être intéressées ; parce qu'enfin on a désiré, on a cherché des signatures , et qu'on a été forcé, par les circonstances du moment, d'envoyer au plutôt l'adresse telle qu'elle étoit à l'Assemblée nationale. Il valoit mieux , ajoute cet ami, remplir cette démarche , que de la rendre sans effet, en attendant de nouvelles signatures. Le motif de cette adresse, continue-t-il , prouve clairement qu'on n'a eu intention d'offenser personne, puisqu'il est vrai qu'elle eût mieux rempli son but, et qu'elle eût été plus recommandable , si elle avoit obtenu le plus grand nombre de signatures. Il pense que cet acte de patriotisme ne peut jamais être mal interprété, et il me conseille, si vous ne me rendez pas la justice que j'ai droit d'attendre de vous, de rendre publiques nos deux lettres. La déférence que j'ai pour ses avis m'en fait un devoir ; mais j'aime à croire que vous vous rendrez à mes raisons et à celles que je viens de vous exposer, et qui sont dictées par un homme qui a l'estime générale.

Signé, C O S S I G N Y.

Paris , ce 27 mars 1790.

Second P. S. Comme nos deux lettres peuvent devenir publiques (ce qui dépend de vous , Messieurs) , je crois devoir vous déclarer que ce n'est nullement par rapport à votre menace que je suis entré en explication ; car je ne crains rien que d'avoir tort. J'ajoute que je ne connoissois même pas l'existence de M. Drouet l'avocat ; que je connois très-peu les quatre autres , et que je n'ai jamais eu aucune relation avec aucun de vous, Messieurs. D'après cela , comment avez-vous pu supposer que j'avois eu l'intention de vous offenser, et me menacer de le croire ?

Signé, COSSIGNY.

Réplique de ces Messieurs à M. DE COSSIGNY.

Nous répliquons , Monsieur , à la réponse dont vous nous avez honoré le 27 de ce mois.

Toute démarche pour un objet public exige la convocation de tous les citoyens qui y ont un intérêt direct.

Les propriétaires de terres aux Isles de France et de Bourbon ne sont pas les seules personnes intéressées à la prospérité de ces colonies. Vous l'avez vous-même pensé ainsi, puisque la plûpart de Messieurs vos cosignataires ont cessé d'avoir (ainsi que vous, Monsieur,) ou n'ont jamais eu, de terres en propriété dans ces isles.

Ces vérités détruisent les systêmes sur lesquels vous appuyez votre conduite.

C'est pourtant d'après ces systêmes qu'il est évident que vous avez cru pouvoir excepter plusieurs de nous de l'hon-

neur de signer avec vous l'adresse à l'assemblée nationale. Quant aux autres, nous ne pouvons assurément admettre votre raison que comme une excuse.

D'après vos assurances, nous croyons que vous n'avez
pas cherché à nous offenser; mais nous continuerons à
vous reprocher des inattentions et des irrégularités, si
nous ne sommes pas appelés à la confection des adresses que vous pourriez avoir encore à présenter à l'Assemblée nationale.

Nous rendons justice, Monsieur, à votre zèle, et nous
ne le confondons même pas avec la prétention à la célébrité ; mais songez aussi que le régime qui va régénérer
la France, ne permet plus de vaines distinctions ni aucune
sorte d'aristocratie.

Le nombre des personnes actuellement à Paris qui ont
des intérêts aux Isles de France et de Bourbon, est très-
peu considérable, et il seroit ridicule qu'il s'en formât
plusieurs corps, pour faire chacun de leur côté des adresses à l'Assemblée nationale. Il pourroit même en résulter
des contradictions qui deviendroient fâcheuses pour le
bien général ; et cette considération suffiroit pour nous
déterminer à vous laisser jouir tranquillement de l'espèce
de privilége exclusif que vous vous seriez attribué.

Vous êtes bien le maître de faire imprimer notre correspondance.

Nous avons l'honneur d'être, etc.

Signés, D'HILLAIRE DE LA ROCHETTE,
L. DROUET, avocat, BOUVIER DU
MOLARD, DROUET l'aîné, DELOURME.

Paris, ce 28 mars 1790.

Réponse de M. DE COSSIGNY.

Vous me donnez, Messieurs, dans votre réplique du 28 de ce mois, des preuves de bonté, dont je ne laisserai échapper aucune occasion de vous témoigner ma reconnoissance.

Je commencerai par la permission que vous m'accordez, et que je ne vous demandois pas, *de faire imprimer notre correspondance* ; ainsi vous ne recevrez cette réponse que par la voie de l'impression, à la suite des autres lettres.

Permettez-moi de revenir sur la première. L'abondance des matières, et l'espérance que j'avois, (je ne sais sur quoi fondée) que vous me rendriez justice, m'ont empêché de vous faire toutes les observations qu'elle méritoit. Voici celles que j'ajoute aujourd'hui.

1ere. Vous dites que vous me croyez l'*auteur* de l'adresse à l'Assemblée nationale que vous n'avez pas signée, et vous partez de là pour m'en faire une querelle. Mais, Messieurs, la qualité d'auteur ne me donne pas essentiellement la commission obligatoire de présenter la pièce à la signature des personnes qui peuvent être intéressées dans l'objet qu'elle traite. Est-ce que vous m'auriez pris pour votre commissionnaire obligé ?.... Moi, envers vous, Messieurs, avec qui je n'ai jamais eu aucune relation, et dont je ne connois pas les demeures.

2e. Vous avez pensé qu'il étoit temps encore de réparérce que vous appelez une *irrégularité* de ma part, puisque vous

B

m'y engagez, sous peine de la *regarder comme une offense personnelle.* Il me semble, Messieurs, quels que soient les droits qu'ait pu vous donner la révolution, que, dans la circonstance dont il s'agit, vous deviez, puisque vous approuviez la démarche en elle-même (ce que votre desir de signer l'adresse paroît prouver), il me semble, dis-je, que vous deviez me témoigner ce desir d'une manière honnête, au lieu de me faire de but en blanc une déclaration aussi brusque, qui étoit une attaque imprévue. J'avois eu, seul d'entre tous les Indiens, l'idée d'une démarche que vous approuvez; seul je l'ai mise à exécution ; seul j'en ai payé les frais, comme de beaucoup d'autres démarches qui ont pour objet l'utilité publique. Cela étoit bien fait pour me concilier l'indulgence d'aussi bons patriotes que vous.

3ᵉ. Dans cette première lettre, et même dans la seconde, vous vous êtes arrogé le droit de me donner des leçons et de me faire des reproches. C'est un droit qu'une barbe grise, quelque docile qu'elle soit, ne peut accorder qu'à des amis qui savent n'en user qu'avec circonspection : ainsi, Messieurs, vous voyez bien que vous ne l'avez pas envers moi.

4ᵉ. J'ai oublié de vous dire dans ma première lettre, que j'ai été aux Thuileries, pour la première fois, depuis mon retour à Paris, chercher quelques Indiens à qui je pusse donner l'adresse en question, pour la faire signer à d'autres. M. Pierre Monneron, que j'ai vu au retour de ce jardin, pourra certifier que je le lui ai déclaré. J'ai été en outre deux fois au Palais-royal pour le même objet. Je n'ai pas eu le bonheur de rencontrer un seul Indien. J'avois donc bonne intention d'obtenir un grand nombre de signatures ; vous deviez naturellement me la supposer, et penser que dans une circonstance pareille, je ne devois faire exception de personne, et sur-tout de celles que je connois aussi peu que vous. Je n'ai eu de ma vie ni querelle, ni différend avec aucun de vous, jusqu'au 26 mars dernier. Dans quel motif avez-vous donc pu supposer que je vous exceptois particulièrement ? Dans le dessein de vous offenser ?... Cette supposition me paroîtroit ridicule et injuste. Je n'ai jamais offensé personne ; mais j'ai été offensé plus d'une fois ; et je me suis défendu avec quelque fermeté.

Je passe maintenant à votre lettre du 28.

Toute démarche, dites-vous, *pour un objet public, exige la convocation de tous les citoyens qui y ont un intérêt direct.* Je vous remercie fort de m'apprendre des choses si neuves ; mais quel rapport ont-elles à moi ? Ai-je le droit de convoquer ? Ai-je mission pour cela ?

Si le zèle me dicte une démarche qui a pour objet l'utilité publique, ne puis-je pas la faire seul en mon nom, à défaut de convocation ? Ne puis-je pas y associer des personnes de ma connoissance qui l'approuvent, sans que *tous les citoyens qui y ont un intérêt direct* aient droit de s'en offenser ? Ne peuvent-ils pas de leur côté, en faire autant, s'ils le jugent à propos ? Cette marche n'est-elle pas la plus simple, lorsque ces citoyens approuvent la démarche en elle-même, et lorsqu'on leur a donné un exemple si facile à suivre, et qu'ils ne pensoient pas à donner ?

Vous vous trompez, Messieurs. J'ai pensé, et je pense encore, que les habitans proprement dits, avoient seuls le droit de signer l'adresse dont vous parlez. Vous vous trompez encore, lorsque vous dites que la pluspart de ceux qui l'ont signée ne sont pas propriétaires ; ils le sont, Messieurs, par des associations. Et quand même ce que vous dites, seroit vrai ; ce ne seroit nullement ma faute. C'est à ceux à qui on a présenté cette adresse pour la signer , à savoir s'ils en avoient le droit, ou non, et non à moi à le leur contester, d'autant plus que je ne connois l'état des affaires de personne. D'ailleurs je vous ai écrit qu'un Indien s'étoit chargé de faire signer l'adresse. Si donc elle contient des signatures qui ne doivent pas y être , ce n'est pas ma faute. Vous vous trompez encore, lorsque vous dites que j'ai cessé d'avoir des terres en propriété dans les Isles. J'ai au Port-Louis en propre, et sans associé, une maison qui a l'étendue de terrain la plus considérable de la ville. Je suis en outre associé dans l'habitation de Palma , pour les $\frac{5}{8}$, sans compter les reprises que j'ai le droit d'exercer sur les $\frac{3}{8}$ restans ; et cette habitation qui est cultivée par 270 Esclaves, a une sucrerie complétement montée, une caféterie immense, et une indigoterie nouvelle. Croyez que si je n'avois eu aucun droit de joindre mon nom aux autres, le zèle auroit pu me faire imaginer la démarche en question, m'engager à la suggérer à mes amis, me déterminer à leur présenter un projet de rédaction , mais je ne l'aurois pas signée. Telle est ma façon de penser ; je ne puis répondre que d'elle. Je ne crois pas, comme vous, que toutes les *personnes intéressées à la prospérité des Isles* aient eu le droit de signer ladite adresse. Il auroit fallu alors admettre à la signature tous les négocians de France qui ont des relations de commerce avec les Isles, et tous ceux qui ont des créances à exercer dans ces Colonies.

Ainsi, Messieurs, ce que vous appelez des *vérités* ne détruisent point à mes yeux ce que vous appelez des *systêmes*, sur lesquels il n'est pas juste de dire, que j'ai *appuyé ma conduite.* Ma conduite a été dictée par l'intention d'obtenir le plus grand nombre de signatures; elle est justifiée, si elle avoit besoin de l'être, par les démarches que j'ai faites pour cela , par l'impossibilité où j'étois d'en obtenir davantage, ne connoissant pas les demeures des Indiens, dont les noms sont revenus à ma mémoire, et par les circonstances qui m'ont forcé d'envoyer au plus vîte l'adresse telle qu'elle étoit à Monsieur le Président de l'Assemblée nationale. Ma conduite n'est appuyée que sur mon zèle pour la chose publique. Vous vous êtes donc également trompés, dans les faits, dans les expressions et dans les raisonnemens.

Vous ajoutez que c'est *d'après des systêmes,* que vous me supposez , *qu'il est évident que j'ai cru pouvoir excepter plusieurs de vous de l'honneur de signer avec moi,* etc. Je viens de prouver, ce me semble, que les *systêmes* que vous mettez en avant, sont aussi faux, que l'expression l'est en elle-même; ainsi la prétendue évidence n'existe pas. Je vous dirai plus. Je vous ai écrit, que je n'avois pas eu *intention d'excepter personne,* et tout ce que je vous ai dit dans ma première lettre, à l'appui de cette vérité, la confirme. C'est, par exemple, ce qui me paroît évident.

Quant aux autres, nous ne pouvons assurément admettre votre raison que comme une excuse. Je ne sais pas ce que c'est que ces *autres* là. Je ne vois pas , dans le paragraphe, à quoi ils se rapportent , à moins que ce ne soit aux systêmes. Or, je vous avoue que je n'entends pas cela. Si vous parlez de ceux qui ont signé , je n'entends pas davantage cette phrase ; mais je vois que vous voulez bien *admettre assurément ma raison comme une excuse seulement.* Cela est heureux assurément.

Ce n'étoit pas Messieurs , *d'après mes assurances* seulement, qu'il falloit croire *que je n'avois pas cherché à vous offenser.* C'étoit, vous le dirai-je, d'après l'invraisemblance d'une offense qui auroit été sans motif, car à peine vous connois-je , et qui auroit été contraire au but que je me proposois, en présentant une adresse à Assemblée nationale.

Vous continuerez à me *reprocher des inattentions et des irrégularités , si vous n'êtes pas appelés à la confection des adresses que je pourrois avoir encore à présenter à l'Assemblée nationale.* Ah ! Messieurs , je vous le déclare franchement, vous vous y prenez de la meilleure manière pour que je n'en fasse rien.

Vous rendez justice à mon zèle. Cela est très - heureux: c'est un témoignage que j'ajouterai à tant d'autres ; mais je vous avoue que celui-ci est un peu tardif ; car enfin si vous aviez bien voulu me rendre la même justice , avant votre première lettre, vous ne l'auriez pas écrite dans le même esprit. Vous *ne confondez pas mon zèle avec la prétention à la célébrité.* Oh, sur ce point , Messieurs , vous me connoissez bien ; car enfin des adresses signées de beaucoup de personnes , ne sont pas faites pour obtenir de la célébrité à celui qui les rédige ; puisque son nom est nécessairement confondu avec beaucoup d'autres.

Des Mémoires qui sont anonymes, prouvent, je crois, que l'auteur ne recherche pas la célébrité. Ce n'est pas, je le sais, qu'elle soit accordée à tous ceux qui la désirent; mais au moins celui qui se cache, ne court pas après elle.

Vous voulez que je *songe que le régime qui va régénérer la France, ne permet plus de vaines distinctions, ni aucune sorte d'aristocratie.* Eh, Messieurs, je ne *songe* jamais, et je ne déférerai pas en ceci à vos conseils. Il y a plus, c'est que je ne pense pas un mot de ce que vous dites-là. Je crois toujours à l'aristocratie des vertus, du zèle, du désintéressement, du patriotisme et des talens. Ayez celles-là; qu'elles vous donnent même de la célébrité; loin d'en être jaloux, je serai le premier à y applaudir.

Mais vous qui parlez d'*aristocratie*, il me paroît que vous voulez en exercer une sur moi. Je vous déclare, Messieurs, que vous n'en viendrez pas à bout; car il y a bien long-temps que j'ai dans le cœur tous les principes de la liberté, et que je suis révolté contre toute domination injuste.

Votre avant-dernier paragraphe renferme beaucoup de choses. Je ne m'arrêterai pas à toutes; car cette réponse est déja bien longue. La réunion de plusieurs signatures au bas d'une adresse, ne forme pas un *corps*, et ne peut jamais être considérée comme telle.

Vous me reprochez implicitement *l'espèce de privilège exclusif que je me suis attribué.* Lequel, s'il vous plaît? Cela seroit bien contradictoire avec ma façon de penser. Seroit-ce de faire des adresses, et de composer des Mémoires? Mais, Messieurs, il n'y a dans tout cela, ni privilège, ni exclusion. Tout citoyen est le maître d'en faire,

et de les distribuer à ses frais. Tout François a le droit
d'avoir du zèle pour la chose publique, et de faire usage
de ses talens, quand il en a. Ainsi, Messieurs, ce n'est
pas la moindre de vos erreurs, que de prétendre que je
me sois attribué un *privilège exclusif*. Agissez de votre
côté, avec un zèle pareil au mien; vous ferez sûrement
mieux que moi, et j'y applaudirai franchement et loya-
lement; alors je pourrai bien me renfermer dans l'inac-
tion. Jusques là, c'est-à-dire, jusqu'à ce que je voie de
vos œuvres, je ne puis que suivre l'impulsion de mon
patriotisme.

J'ai l'honneur d'être, etc.

Signé, COSSIGNY.

Paris, 29 mars 1790.

P. S. Au moment où je finis cette lettre, l'on m'ap-
porte les Journaux, et j'y trouve que l'Assemblée nationale a nommé dans son décret d'hier qui concerne les colonies, les Isles de France et de Bourbon, à la suite de
celles des Antilles. Elles avoient été oubliées dans le
rapport du Comité. L'adresse qui vous a si fort offensés,
Messieurs, n'auroit-elle pas pu contribuer à réparer d'une
manière aussi authentique un oubli involontaire? Croyez-
vous qu'il valût mieux de différer de la remettre, pourvu
qu'elle fût *honorée de vos signatures*, que de lui voir, sans
elles, obtenir un effet auquel ni vous ni bien d'autres
n'aviez pas pensé?

A PARIS, de l'Imprimerie de P. FR. DIDOT le jeune. 1790.